AF311614

VENTE

SEDELMEYER

EXPOSITIONS

PARTICULIÈRE	PUBLIQUE
Le Samedi 28 Avril 1877	Le Dimanche 29 Avril 1877

DE UNE HEURE A CINQ HEURES

VENTE

Les Lundi 30 Avril, Mardi 1er et Mercredi 2 Mai 1877

A DEUX HEURES PRÉCISES

COMMISSAIRE-PRISEUR	EXPERT
Me CHARLES PILLET	M. FRANCIS PETIT
10, rue de la Grange-Batelière.	7, rue Saint-Georges.

VENTE SEDELMEYER

COMPRENANT SES

TABLEAUX MODERNES

DES

ÉCOLES FRANÇAISE ET ÉTRANGÈRES

JOINTS A CEUX DES

Galeries de San-Donato et de San-Martino

VENTE HOTEL DROUOT

SALLES Nᵒˢ 8 ET 9

Les Lundi 30 Avril, Mardi 1ᵉʳ et Mercredi 2 Mai 1877

A DEUX HEURES

EXPOSITIONS

PARTICULIÈRE : le Samedi 28 Avril 1877

PUBLIQUE : le Dimanche 29 Avril 1877

De 1 heure à 5 heures

COMMISSAIRE-PRISEUR :

Mᵉ CHARLES PILLET

10 rue de la Grange-Batelière.

EXPERT :

M. FRANCIS PETIT

7, rue Saint-Georges.

CONDITIONS DE LA VENTE

Elle sera faite au comptant.

Les adjudicataires payeront *cinq pour cent* en sus des enchères.

Paris. — Typ. Pillet et Dumoulin, 5, rue des Grands-Augustins.

TABLEAUX

DE

L'ÉCOLE FRANÇAISE MODERNE

TABLEAUX

DE

L'ÉCOLE FRANÇAISE MODERNE

BARON

1 — Les premiers pas du petit marquis.

Haut., 92 cent.; larg., 16 cent.

BERANGER

(CHARLES)

2 — La marchande de légumes.

Une jeune femme marchande à une fruitière des
perdrix suspendues à la porte de sa boutique
remplie de légumes de toute nature.

Salon de 1842.
Vente Delessert.

Haut., 57 cent.; larg., 48 cent

BOUGUEREAU

3 — Pieta.

Le Vierge tient sur ses genoux et dans ses bras
le corps inanimé de son fils descendu de la croix.
Elle pleure; les groupes d'anges qui l'entourent
partagent sa douleur.

Composition importante ayant fait partie du
Salon de 1876.

Haut., 2 m. 30 cent.; larg., 1 m. 50 cent·

BOUCHARD

4 — Italienne tricotant et jouant avec un chat.

Haut., 57 cent.; larg., 35 cent.

BOUCHARD

5 — Italienne revenant du lavoir.

Haut., 57 cent.; larg., cent.

BRETON

(ÉMILE)

6 — Petit canal bordé d'arbres, effet de neige.

Haut. 51 cent.; larg., 84 cent.

CARAUD

7 — La soubrette.

Elle tient d'une main un plateau chargé, et sur l'autre, une perruche, avec laquelle elle cause.

Daté 1872.

Haut., 52 cent.; larg., 34 cent.

CHAPLIN

8 — Jeune fille se parant de bijoux.

Grande figure.

Haut., 1 m. 02 cent.; larg., 74 cent.

CHENU

(FLEURY)

9 — Le départ de la voiture publique. Effet de neige.

Haut., 42 cent.; larg., 64 cent.

CLAUDE

(MAXIME)

10 — Le départ des chasseurs.

Scène d'intérieur. Des amis sont prêts à partir pour la chasse, l'un d'eux, son fusil sur l'épaule, essaye de calmer les chiens qui bondissent d'impatience.

Haut., 55 cent.; larg., 41 cent.

COROT

11 — Bords de rivière.

Paysage animé par quelques figures et animaux.

Haut., 36 cent. larg., 55 cent.

COUTURE

12 — Le trouvère.

Assis sur une pierre au milieu de la campagne
et délaissant un instant sa guitare, il raconte une
triste ballade ; son regard est inspiré, ses auditeurs
et surtout deux jeunes femmes l'écoutent avec la
plus grande attention. Dans la foule, au second
plan, un vieillard la tête dans ses deux mains
pleure à son récit.

Tableau capital, ayant fait partie de la galerie
Gsell, de Vienne.

Haut., 1 m. 75 cent.; larg., 1 m. 40 cent.

COUTURE

13 — Horace et Lydie.

Haut., 21 cent.; larg., 26 cent.

COUTURE

14 -- Nature morte, figues, brugnons, etc.

Haut., 25 cent.; larg., 33 cent.

DAUBIGNY

15 — Le lever de la lune.

La lune, qui vient de se lever à l'horizon, répand sur toute la campagne une lumière douce et mystérieuse; au premier plan, un petit paysan et une petite paysanne chassent devant eux un troupeau de bœufs et vaches à la tête duquel marche un âne; au second plan, quelques paysans attardés achèvent de charger une voiture de foin.

Tableau capital ayant figuré à l'Exposition universelle de Vienne.

Daté 1873.

Haut., 1 m. 65 cent.; larg., 3 m.

DAUBIGNY

16 — Paysage.

Un ruisseau bordé à gauche d'un bouquet
saules et d'arbustes, à droite par la prairie, puis
un village à l'horizon. Une paysanne conduit ses
vaches au bord du ruisseau.

Tableau très-fin et très-ferme d'exécution.

Haut., 37 cent.; larg., 63 cent.

DAUBIGNY

17 — Pont-de-l'Arche et le cours de la Seine.

Au premier plan, une troupe d'oies vient boire
à la rivière.

Daté 1873.

Haut., 38 cent.; larg., 66 cent.

DAUBIGNY

18 — Bords de rivière.

> Le soleil va disparaître derrière l'horizon, la lune montre déjà son croissant, quelques animaux sont venus boire à la rivière avant de rentrer à la ferme.

Tableau d'une grande vérité, daté 1871.

Haut., 54 cent.; larg., 94 cent.

DAUBIGNY

19 — Les bords de la Seine à Auvers.

Effet de matin, daté 1870.

Haut., 38 cent.; larg., 65 cent.

DAUBIGNY

20 — Village au bord de l'eau.

Effet de matin, daté 1874.

Haut., 39 cent.; larg., 65 cent.

DAUBIGNY

21 — Bords de l'Oise au printemps.

Daté 1874.

Haut., 44 cent.; larg., 68 cent.

DAUBIGNY

22 — Petit bois au bord de l'eau.

Haut., 26 cent.; larg., 39 cent.

DECAMPS

23 — Le Christ au prétoire.

27. Alors donc les gens d'armes du gouverneur amenèrent
Jésus au prétoire et assemblèrent devant luy toute la bande.
28. Et l'ayant devestu mirent sur luy un manteau d'écarlate
Évangile selon saint Mathieu, chap. XXVII.

Le Christ est assis, les mains liées, dans une
cour entourée de hautes murailles et au milieu de
la foule des soldats. L'un d'eux se penche pour lui
cracher au visage; d'autres l'insultent de leurs
rires.

Tableau inachevé, mais plein de caractère, provenant de la vente après décès de Decamps.
Galerie Gsell de Vienne.

Haut., 1 m. 20 cent.; larg., 1 m. 57 cent.

DECAMPS

24 — Arabe en voyage.

Il chemine monté sur un âne et tenant un jeune
enfant assis devant lui ; un serviteur et une femme
le suivent.

On aperçoit au fond une ville vers laquelle d'autres voyageurs se dirigent.

Haut., 53 cent.; larg., 72 cent.

DELACROIX

(EUGÈNE)

25 — Les Natchez.

> Fuyant le massacre de leur tribu, deux jeunes sauvages remontent le Meschacébé; pendant le voyage, la jeune femme a été prise des douleurs de l'enfantement. Ils ont quitté leur pirogue, le père, agenouillé sur le sable, tient dans ses bras l'enfant nouveau-né, que la mère, à demi étendue à terre, regarde avec attendrissement.

Episode d'*Atala*. Chateaubriand.
Collection Paturle.

Haut., 90 cent.; larg., 1 m. 16 cent.

DELACROIX

26 — Chien mort.

Etude. Vente Delacroix.

Haut., 40 cent.; larg., 84 cent.

DIAZ

27 — Clairière de la Reine-Blanche. Fontainebleau.

Cette toile est sans contredit une des plus belles
productions de l'artiste. Lumière, charme de composition, exécution large et précise, vérité, tout est
réuni dans ce superbe tableau.

Haut., 81 cent.; larg., 1 m. 06 cent.

DIAZ

28 — Sainte famille.

Ce tableau pourrait porter tout autre titre, car il n'a été pour l'artiste qu'un prétexte pour placer dans un magnifique paysage deux enfants nus qui semblent près de s'embrasser, et deux femmes qui les regardent avec amour. Tout cela avec le charme de coloration qui était sa qualité dominante.

Daté 1853.

Haut., 68 cent.; larg., 51 cent.

DIAZ

29 — Paysage, route passant entre deux bouquets
d'arbres.

Haut., 30 cent.; larg., 30 cent.

DIAZ

30 — Paysage d'automne.

Le ciel est gris, un pâle rayon de soleil éclaire
les arbres au feuillage jauni qui entourent un
étang ; au premier plan une femme portant un
fardeau.

Haut., 50 cent.; larg., 65 cent.

DIAZ

31 — Petite mare dans une prairie.

Effet de pluie à l'horizon.

Haut., 26 cent.; larg., 35 cent.

DIAZ

32 — Une clairière.

> Au premier plan, une mare auprès de laquelle passe une paysanne portant un fardeau; au second plan, la clairière toute remplie d'air et de lumière.
>
> Tableau d'un effet clair et piquant.
>
> Haut., 49 cent.; larg., 60 cent.

DIAZ

33 — Plaine, près Fontainebleau, temps de pluie.

> Le soleil a percé quelques nuages chargés d'eau, la plaine encore toute humide est maintenant inondée de la lumière argentée du ciel.
>
> Tableau d'une grande finesse de ton.
>
> Haut., 58 cent.; larg., 71 cent.

DIAZ

34 — Eclaircie dans une forêt, effet de soleil.

> Au premier plan, une mare.
>
> Haut., 42 cent.; larg., 53 cent.

DIAZ

35 — Bouquet d'arbres au bord d'une mare.

Haut., 40 cent., larg., 57 cent

DIAZ

36 -- Paysage avec flaque d'eau au premier plan.

Haut., 26 cent.; larg., 35 cent.

DIAZ

37 — Belle étude de chênes dans la forêt.

Haut., 32 cent.; larg., 25 cent.

DIAZ

38 — Les Grès de Fontainebleau.

Haut., 22 cent.; larg., 34 cent.

DUPRÉ

(JULES)

39 — Le Matin.

40 — Le Soir.

Ces deux compositions, qui sont peut-être les plus importantes que l'artiste ait produites, faisaient partie de la décoration de l'hôtel du Prince D***, à Paris. Elles sont d'un grand style et d'une grande puissance de coloration.

Haut., 2 m.; larg., 1 m. 88 cent.

DUPRÉ

(JULES)

41 — Le vieux chêne.

La silhouette d'un vieux chêne se détache vigou-
reusement sur le ciel lumineux et argenté; dans
la prairie au second plan, des animaux paissant;
sur le devant une mare encombrée de roseaux.

Haut., 81 cent.; larg., 65 cent.

DUPRÉ

(JULES)

42 — Marine, effet de soir.

Le ciel est chargé de nuages d'un sombre aspect, la mer vient battre la plage bordée d'une falaise ; à mi-côte on aperçoit une cabane de douaniers.

Haut., 81 cent.; larg., 1 m.

DUPRÉ

(JULES)

43 — Paysage.

Bords de rivière ; à droite un groupe d'arbres, à gauche la rive élevée ; sur l'eau, une barque avec pêcheur.

Haut., 32 cent.; larg., 45 cent.

DUPRÉ

(JULES)

44 — Pleine mer, soleil couchant.

Haut., 21 cent.; larg., 16 cent.

DUPRÉ
(JULES)

45 — Paysage.

Bouquet d'arbres au bord d'une mare, dans
laquelle une paysanne fait boire deux vaches.

Haut., 11 cent.; larg., 18 cent.

DUPRÉ
(JULES)

46 — Chaumière en plaine.

Le toit de la chaumière s'élève seul au centre
d'une grande plaine, au fond de laquelle on aperçoit un moulin ; près de là, deux vaches paissent
en liberté.
Tableau d'une coloration vigoureuse.

Haut., 40 cent.; larg., 59 cent.

DUPRÉ
(JULES)

47 — La mare.

Une mare au milieu d'une plaine avec quelques
animaux, à l'horizon, une ligne d'arbres bas, et au
premier plan, une petite figure.
Le ciel est couvert de nuages gris et blancs.

Haut., 24 cent.; larg., 34 cent.

FROMENTIN

48 — Chasse au faucon.

Deux cavaliers arabes sont arrêtés au bord de
l'eau, et suivent du regard le vol de leur faucon ;
d'autres chasseurs sont assis à terre près d'eux,
on aperçoit au fond d'autres cavaliers lancés au
galop.

Tableau très-fin d'exécution et très-lumineux.

Haut., 66 cent.; larg., 50 cent.

FROMENTIN

49 — Les bords du Nil.

Des buffles viennent boire et se baigner dans
le fleuve ; sur la rive, des fellahs puisent de l'eau
à l'aide de grandes perches.

Haut , 99 cent.; larg., 1 m. 42 cent.

GUDIN

50 — Marine.

Des navires sont engagés dans un combat naval.

Haut., 40 cent.; larg., 65 cent.

GUDIN

51 — Paysage, vallée bordée de hautes montagnes.

Daté 1827.

Haut., 93 cent.; larg., 1 m. 46 cent.

GUILLEMIN

52 — Causerie, scène bretonne.

Haut., 45 cent.; larg., 26 cent.

GUILLEMIN

53 — Une jeune femme et un enfant donnent à manger à un merle.

Haut., 35 cent.; larg., 26 cent.

GUILLEMIN

54 — Le repos à la fontaine, scène béarnaise.

Haut., 23 cent.; larg., 18 cent.

GUILLEMIN

55 — Les petits chats, intérieur béarnais.

Composition de cinq figures.

Haut., 51 cent.; larg., 41 cent.

HÉBERT

56 — Le baiser de Judas.

« Jésus s'en alla avec ses disciples au delà du
« torrent de Cédron, où était un jardin dans lequel
« il entra. Judas, qui le trahissait, connaissait aussi
« ce lieu ; ayant donc pris une cohorte et des satel-
« lites des Pontifes et des Pharisiens, il s'y rendit
« avec des lanternes, des flambeaux et des armes.
« Et aussitôt s'approchant de Jésus, il lui dit :
« Maître, je vous salue, » et il le baisa.

Evangile selon saint Jean. 18 et 19.

Haut., 1 m.; larg. 81 cent.

HUGUET

57 — Caravane en marche, suivant une route
longeant la mer.

Haut., 40 cent.; larg., 62 cent.

ISABEY

58 — Après le duel.

Dans une grande salle voutée, vestibule d'un
vieux palais italien, deux hommes se sont battus,
l'un des combattants, frappé à mort, gît inanimé
au seuil d'une porte qui s'est ouverte au bruit de
la lutte, et où apparaissent un gentilhomme et
une dame. Le vainqueur s'échappe par une autre
porte, poursuivi par les aboiements de deux petits
chiens.

Scène pleine de mouvement et d'un effet très-
dramatique.

Haut. 78 cent.; larg., 57 cent.

ISABEY

59 — Vue d'une ville au bord d'une rivière.

Quelques dames et seigneurs se promènent sur le quai.

Haut., 33 cent.; larg., 45 cent.

ISABEY

60 — Un port de la côte normande.

La ville est éclairée par un effet de soleil du matin ; au premier plan, de grands bateaux et des barques.

Haut., 43 cent.; larg., 53 cent.

ISABEY

61 — Pêcheurs remontant leur bateau sur la plage.

Daté 1862.
Haut., 44 cent.; larg., 67 cent.

JACQUE

62 — Troupeau de moutons paissant à l'ombre de quelques chênes, à l'entrée d'un bois.

Haut., 74 cent.; larg. 52 cent.

JACQUET

63 — Mère au berceau de son enfant.

Haut., 1 m. 15 cent.; larg., 80 cent.

JACQUET

64 — Dame hollandaise tenant un petit chien dans ses bras.

Haut., 1 m. 16 cent.; larg., 90 cent.

LAMI

(EUGÈNE)

65 — Un Salon officiel.

Aquarelle importante, datée 1860.

Haut., 39 cent.; larg., 29 cent.

MARILHAT ET TROYON

66 — Ravin boisé.

Paysage très-précieux d'exécution et d'une silhouette originale dans lequel, sur la demande de
M. Davin qui le possédait alors, Troyon a peint
des moutons et des chèvres.

Haut., 76 cent.; larg., 63 cent.

MESGRIGNY

(FR. DE)

67 — Paysage au printemps.

Haut., 23 cent.; larg., 36 cent.

MESGRIGNY

(F. DE)

68 — Cours d'eau bordé à l'horizon par des arbres et des peupliers.

Haut., 35 cent.; larg., 57 cent.

MILLET

(JEAN-FRANÇOIS)

69 — Femmes revenant de faire du bois dans la forêt de Fontainebleau.

Trois femmes revenant de faire du bois en forêt, traversent une plaine, portant de lourds fagots sur leur dos ; au fond, la forêt déjà dans l'ombre du soir forme un rideau à l'horizon.

Ce grand dessin est d'une vérité saisissante qui s'impose impérieusement.

Haut., 72 cent.; larg., 93 cent.

MILLET

(JEAN-FRANÇOIS)

70 — Chevrière d'Auvergne.

Assise au sommet d'une montagne, elle file en gardant ses chèvres.

Ce dessin est d'un grand caractère, et l'impression de la vivacité de l'air est d'une grande justesse.

Haut., 50 cent.; larg., 42 cent.

MILLET

(JEAN-FRANÇOIS)

71 — Paysan faisant boire deux vaches.

> Le soleil se couche à l'horizon ; un paysan vient de conduire ses deux vaches boire au bord d'une rivière, il est debout sur la rive, son bâton à la main, il attend.
>
> Le silence, l'air pénétrant et vif du soir, sont exprimés dans ce dessin avec la plus grande sincérité.

Haut., 70 cent.; larg., 94 cent.

MILLET

(JEAN-FRANÇOIS)

72 — Les petites maraudeuses.

> Une petite paysanne gardienne d'un troupeau est montée dans un arbre à l'entrée d'un bois et jette dans le tablier de sa compagne des fruits qu'elle vient de cueillir. Dans la plaine qui s'étend à l'horizon, les animaux se battent.
>
> La composition de ce dessin est d'une grande naïveté.

Haut., 47 cent.; larg., 31 cent

MILLET

(JEAN-FRANÇOIS)

73 — Pâturage d'Auvergne.

Quelques vaches paissent çà et là au sommet d'une montagne.

Dessin.

Dessin. Haut., 42 cent.; larg., 51 cent.

MOUCHOT

74 — Le départ pour la promenade à Venise.

Quelques dames et quelques seigneurs sortent d'un palais situé sur le grand canal et s'apprêtent à entrer dans une gondole ; on aperçoit au loin d'autres gondoles et quelques bâtiments.

Daté 1870.

Haut., 98 cent.; larg., 1 m. 65 cent.

PLASSAN

75 — Le modèle.

La jeune femme est couchée devant une glace dans laquelle l'artiste se reflète copiant son modèle.

Haut., 8 cent.; larg., 13 cent.

RENAULT

76 — La déclaration. Scène bretonne.

Haut., 79 cent.; larg., 63 cent.

RENAULT

77 — La prière. Scène bretonne.

Haut., 79 cent.; larg., 63 cent.

RICARD

78 — Vénus marine couchée sur un dauphin, un amour est assis près d'elle.

Haut., 75 cent.; larg.. 1 m. 26 cent.

RICARD

79 — Triton couché sur une vaste conque, avec un enfant qui retient une draperie agitée par le vent.

Ces deux panneaux ont fait partie de la décoration de l'hôtel du prince D**, à Paris.

Haut., 75 cent.; larg.. 1 m. 26 cent.

ROQUEPLAN

80 — Diligence surprise par la marée montante sur les côtes de Bretagne.

Haut., 69 cent.; larg., 93 cent.

ROUSSEAU

(THÉODORE)

81 — Marais dans les Landes.

C'est une vaste plaine coupée par un ruisseau qui conduit ses eaux à un étang bordé de quelques arbres isolés les uns des autres et situé à mi-chemin de l'horizon. Au premier plan, un petit pont du bois traversant le ruisseau relie les deux côtés de la plaine.

Tableau vigoureux et très-serré d'exécution.

Haut., 37 cent.; larg., 55 cent.

ROUSSEAU

(THÉODORE)

82 — Un matin.

Un chêne dont il ne reste plus que quelques
branches se détache sur un ciel plein de la lumière argentée du matin ; au second plan un étang
qui reflète les rayons du soleil, à droite et à gauche
une prairie plantée çà et là de jeunes arbres.

Tableau lumineux et fin de ton.

Haut., 31 cent.; larg., 53 cent.

ROUSSEAU

(THÉODORE)

83 — Les étangs.

Des animaux viennent boire dans les eaux d'un
étang ombragé de grands arbres à la lisière d'un
bois ; à l'horizon une plaine vivement éclairée par
le soleil.

Tableau très-puissant de coloration.

Haut., 30 cent.; larg., 51 cent.

ROUSSEAU

(THÉODORE)

84 — Une vallée.

Une vallée bordée de montagnes s'étend à perte
de vue, coupée dans toute sa longueur par un
cours d'eau qui s'en va serpentant et sur lequel
sont des bateaux. A gauche au premier plan quelques peupliers.

Effet de midi plein d'une chaude et sourde
lumière.

Haut., 43 cent.; larg., 64 cent.

ROUSSEAU

(THÉODORE)

85 — Pâturage au bord de l'eau, soleil couchant.

Ce tableau est tout entier dans l'impression qu'a ressentie le peintre.

La journée a été chaude et pleine de vapeurs, le ciel commence à s'éclaircir, les animaux couchés tout le jour se relèvent dans la prairie, la nature semble renaître aux approches du soir.

Haut., 32 cent.; larg., 52 cent.

ROUSSEAU

(THÉODORE)

86 — Un marais, étude d'après nature.

Haut., 39 cent.; larg., 76 cent.

SAINT-JEAN

87 — Framboises renversées d'un panier, prunes
à terre.

Haut., 22 cent.; larg., 26 cent.

TOULMOUCHE

88 — Le bouquet.

Une jeune femme se penche pour sentir un bouquet de fleurs posé dans un vase sur une table.

Haut.. 47 cent.; larg., 36 cent.

TROYON

89 — L'œil du maître.

Un superbe chien de berger est monté sur un tertre au bas duquel défile un immense troupeau de moutons. Il semble suivre attentivement de l'œil le regard de son maître ; le ciel annonce un orage au loin ; une partie de la scène est éclairée par un rayon de soleil.

Composition capitale pleine d'esprit d'observation et d'originalité. On ne sait ce qu'il faut le plus admirer, ou la superbe allure du chien ou la vérité saisissante des moutons qui se pressent en bêlant les uns contre les autres.

Haut., 1 m. 67 cent.; larg., 1 m. 32 cent.

TROYON

90 — **Bœufs allant au labour.**

Deux attelages de bœufs traversent une plaine
inondée de la lumière du soleil levant et tout im-
prégnée de rosée, un jeune paysan les conduit.

Au second plan, on voit arriver un troisième
attelage.

Tableau d'une qualité toute exceptionnelle et
d'une grande poésie.

Haut., 50 cent.; larg , 80 cent.

TROYON

91 — Attelage de bœufs.

Une paire de bœufs rassemblés par le joug traversent une prairie et vont boire à une mare.

Remarquable étude d'après nature et d'une exécution parfaite.

Haut., 74 cent.; larg., 92 cent.

TROYON

92 — Une ferme aux environs de Fécamp.

Un chemin bordé sur la gauche de saules et de quelques autres arbustes, côtoie un ruisseau et conduit à une ferme dont on aperçoit les toits rouges au milieu de bouquets d'arbres. Une femme vue de dos et un enfant marchent vers l'habitation et approchent de la haie qui sert de clôture.

Haut., 35 cent.; larg., 45 cent.

TROYON

93 — La récolte des pommes.

C'est un paysage de Normandie, plein de vie,
d'animation et de soleil; à gauche, de grands
pommiers chargés de fruits que des paysans sont
en train de gauler; à droite, des habitations aux
toits de chaume. Un homme monté sur un cheval
cause avec un autre qui rapporte la récolte des
pommes ; au fond, on aperçoit à travers les arbres
le cours de la Seine bordée de coteaux.

Haut., 58 cent.; larg., 80 cent.

TROYON

94 — Vache blanche poursuivie par un chien.

Dans une grande prairie normande, une vache
blanche est poursuivie par un chien qui aboie après
elle, la tête baissée elle cherche encore à brouter
quelques herbes en courant; au second plan, on
aperçoit deux vaches, l'une debout, l'autre couchée. Le ciel est orageux à l'horizon.

Vente Troyon,

Collection du comte d'Aquila.

Haut., 79 cent.; larg., 1 m. 14 cent.

TROYON

95 — Vache rousse tachée de blanc arrêtée près
d'une chaumière.

Belle étude. Vente Troyon.

Haut., 45 cent.; larg., 54 cent.

TROYON

96 — Bœuf roux dans un pâturage.

Etude. Vente Troyon.

Haut., 50 cent.; larg., 61 cent.

TROYON

97 — Paysanne suivant un chemin tracé dans une
prairie.

Haut., 39 cent.; larg., 31 cent.

TROYON

98 — Paysage. Chaumière au bord d'une mare.

Haut., 25 cent.; larg., 35 cent.

VERNET

(HORACE)

99 -- Scène du Tartuffe.

Haut., 29 cent.; larg., 21 cent.

VIBERT

100 -- L'embarras du choix.

Un cuisinier à la mine réjouie contemple d'un
air d'importance un magnifique trophée de gibier,
et paraît hésiter dans son choix.

Haut., 39 cent.; larg., 28 cent.

VIBERT

101 -- Le mouton mort.

Un pauvre petit pâtre italien pleure auprès
d'un mouton qui vient de mourir à l'entrée d'un
bois.

Haut., 98 cent.; larg., 72 cent.

VOLLON

102 — L'Hiver à Paris, 1870-1871.

Haut., 65 cent.; larg., 74 cent.

VOLLON

103 — Le cellier, nature morte.

Haut., 45 cent.; larg., 37 cent.

ZIEM

104 — Le quai des Esclavons à Venise.

L'air est calme, les voiles tombent mollement le long des mâts des bateaux amarrés au bord du quai ; on aperçoit au fond la ville toute resplendissante de soleil sous un ciel bleu. Au premier plan, quelques promeneurs et des marchands d'oranges et de fruits nonchalamment couchés à terre

Haut., 52 cent.; larg., 72 cent.

ZIEM

105 — Gondole sur un petit cours d'eau bordé
d'arbres.

Effet de soleil.

Haut., 57 cent.; larg., 82 cent.

ZIEM

106 — Les Patineurs au bois de Boulogne.

Effet de soleil couchant dans les arbres.

Haut., 67 cent.; larg., 1 m. 03 cent.

ZIEM

107 — Marine. L'Escaut couvert de barques; au
fond la ville d'Anvers.

Haut., 49 cent.; larg., 41 cent.

ZIEM

108 — Les Quais et le port de Marseille, effet de
soleil.

Haut., 44 cent.; larg., 58 cent.

TABLEAUX

DES

ÉCOLES ÉTRANGERES MODERNES

TABLEAUX

DES

ÉCOLES ÉTRANGÈRES MODERNES

ANDREOTTI

109 — L'Ami de la maison.

Un jeune seigneur et une dame s'amusent avec
un grand lévrier couché à terre à leurs pieds.

Haut.. 22 cent.; larg., 31 cent.

ANDREOTTI

110 — Un page et son lévrier.

Daté 1875.

Haut.. 40 cent.; larg., 29 cent.

BIANCHI

111 — Intérieur d'église en Espagne.

Haut., 69 cent.; larg., 50 cent.

BOLDINI

112 — Jeune femme faisant du crochet.

Elle est assise sur un canapé, au milieu de coussins de diverses couleurs. A ses pieds, sur un tapis, est assis un jeune garçon qui s'est coiffé d'un vieux casque et examine curieusement une ancienne épée.

Haut., 34 cent.; larg., 26 cent.

CHIERICI

113 — La tentation.

Un gamin vient de prendre dans une cage un chardonneret et le montre en riant à deux chats qui semble le convoiter.

Haut., 56 cent.; larg., 45 cent.

CHIERICI

114 — Le bain.

> Dans un intérieur italien, une jeune mère entourée de ses enfants, s'apprête à plonger dans un bain un bébé qui frappe l'eau avec ses petits pieds, à la grande joie de ses frères et sœurs.
>
> Au fond, la grand'mère entr'ouvre le volet d'une fenêtre.

Haut., 75 cent.; larg., 1 m. 06 cent.

ESCOSURA

(LÉON)

115 — Jeune femme assise, jouant de la mandoline.

Haut., 24 cent.; larg., 20 cent.

FORTUNY

116 — La salle des Abencerages à l'Alhambra, (Grenade). Meurtre du dernier roi des Abenrages et de son fils.

Vente Fortuny.

Hsut., 68 cent.; larg., 88 cent.

FORTUNY

117 — Campement arabe à Tanger.

Vente Fortuny.

Haut., 25 cent.; larg., 66 cent.

FORTUNY

118 — La plage de Portici.

Vente Fortuny.

Haut., 29 cent.; larg., 48 cent.

FORTUNY

119 — Fantasia arabe à la porte de Tanger.

Vente Fortuny.

Haut., 1 m.; larg., 1 m. 80 cent.

FORTUNY

120 — Paysage, site d'Espagne.

Vente Fortuny.

Haut., 40 cent.; larg., 49 cent.

FORTUNY

121 — Espagnole assise, tenant un éventail à la main.

Aquarelle.

Haut., 25 cent.; larg., 20 cent.

GEGERFELT

122 — Un canal en Hollande, soleil couchant.

Haut., 77 cent.; larg., 1 m. 20 cent.

GORDIGIANI

123 — Jeune femme en costume de l'époque de Louis XIII jouant de la mandoline.

Haut., 1 m. 09 cent.; larg., 80 cent.

GOSLING

(W.

124 — La moisson.

Haut., 1 m.; larg., 1 m. 50 cent.

HARTMANN

(LUDWIG)

125 — Halte de chevaux sur une route près d'un petit bois.

Haut., 37 cent.; larg., 65 cent.

JETTEL

(EUGÈNE)

126 — Marais près de Beilen (Hollande).

Des nuages légers courent dans un ciel éblouis-
sant de lumière ; au premier plan, quelques fla-
ques d'eau ; au second plan, un immense marais
sur les bords duquel on voit une ferme entourée
d'arbres. Çà et là quelques animaux.

Haut., 59 cent., larg., 96 cent.

JETTEL
(EUGÈNE)

127 — Groupe d'arbres au bord de l'eau.

La rivière, peu profonde, forme une anse dans laquelle des enfants sont venus se baigner.

Haut., 65 cent.; larg., 1 m.

JETTEL
(EUGÈNE)

128 — Paysage de Hollande, effet de pluie.

Haut., 50 cent.; larg., 88 cent.

KOLLER

129 — Le baptème.

Intérieur d'église, scène du moyen âge avec de nombreuses figures.

Haut., 1 m. 30 cent.; larg., 1 m. 15 cent.

DE KNYFF

130 — Petite ville au bord de l'eau. Effet de lune.

Haut., 64 cent.; larg., 80 cent.

KRATKÉ

131 — Arquebusier revenant de la chasse, se chauffant dans une chaumière.

Daté 1872.

Haut., 31 cent.: larg., 39 cent.

LEYS

132 — Rembrandt recevant un élève.

Le célèbre artiste vient de terminer son repas; sa femme est auprès de lui. Un jeune garçon à la mine intelligente, un carton sous le bras, vient montrer un de ses dessins au maître qui le regarde avec intérêt.

Haut., 44 cent.; larg., 54 cent.

MAKART

(HANS)

133 — Roméo et Juliette.

Roméo quitte le balcon, soutenu encore par les bras de Juliette.

Grand panneau de décoration.

Haut., 2 m. 56 cent.; larg., 1 m. 15 cent.

MAKART

(HANS)

134 — Faust et Marguerite.

Faust et Marguerite. Scène de la prison.

Grand panneau de décoration.

Haut., 2 m. 56 cent.; larg., 1 m. 15 cent.

MAYR-GROZ

135 — Patriotes dans un cabaret.

Scène de la Révolution française.

Haut., 41 cent.; larg., 34 cent.

MICHETTI

136 — Le retour du potager. Scène italienne, effet du matin.

Haut., 77 cent.; larg., 95 cent.

MICHETTI

137 — Enfants italiens jouant avec un bélier attaché à un piquet.

Haut., 39 cent.; larg., 34 cent.

MICHETTI

138 — Petite fille couchée dans l'herbe et endormie.

Haut., 19 cent.; larg., 33 cent.

MOLS

(ROBERT)

139 — Le pont Louis-Philippe à Paris.

On aperçoit à droite l'église Notre-Dame et la Cité, à gauche l'île Saint-Louis, au fond le dôme du Panthéon.

Haut., 1 m. 72 cent.; larg., 1 m. 20 cent.

MUNKACSY

140 — Cabane au bord de l'eau, effet de soleil couchant annonçant du vent.

Haut., 59 cent.; larg., 89 cent.

MUNKACSY

141 — Paysage hongrois. Bord de rivière.

Haut., 39 cent.; larg., 69 cent.

NAVONE

142 — Un moment de causerie amoureuse.

Haut., 39 cent.; larg., 31 cent.

NITTIS

(DE)

143 — Mousquetaire.

Il est assis et endormi sur un banc appuyé
contre un mur. Un verre, une cruche et un pot
de faïence sont près de lui.

Haut., 22 cent.; larg , 16 cent.

PAAL

(DE)

144 — Soleil couchant dans la forêt de Fontainebleau.

Haut., 89 cent.; larg., 1 m. 16 cent.

PETTENKOFEN

145 — Volontaires hongrois.

Sur une route qui traverse une de ces vastes plai-
nes de la Hongrie, apparaît au milieu de la poussière un chariot rempli de jeunes gens et traîné par
trois vigoureux chevaux lancés au galop. L'enthou-
siasme de ces jeunes volontaires est à son comble,
ils semblent s'exciter mutuellement par le bruit;
l'un d'eux, debout au milieu de la voiture, bat du
tambour; un second crie et agite en l'air son cha-
peau enrubanné; les autres fument ou chantent.
Tout autour de la voiture pendent en désordre les
objets les plus variés : sabres, gamelles, sacs,
schakos, etc.

Un grand lévrier court auprès des chevaux et
mêle ses aboiements au tumulte général; au second
plan, on aperçoit au travers la poussière, la silhouette d'un second attelage.

Le ciel est bleu et limpide, quelques légers nuages bordent l'horizon.

Charmant tableau, signé et daté 1853.

Haut.. 25 cent.; larg.. 53 cent.

PETTENKOFEN

146 — Convoi de blessés.

Ce tableau semble être la contre-partie du précédent. Ici c'est une charrette lentement traînée par deux bœufs conduits par un paysan, de pauvres soldat blessés sont couchés sur la paille ; l'un d'eux paraît près de succomber, pendant qu'un de ses camarades valide le soutient, le chirurgien cherche à s'assurer si son cœur bat encore.

Le lourd véhicule qui traîne ces malheureux semble n'avancer qu'avec la plus grande peine, le terrain est entièrement détrempé, les roues enfoncent profondément et il faut l'aide de deux soldats qui poussent à l'arrière pour pouvoir avancer.

Au premier plan, un soldat suivi d'un chien marche tristement, la tête baissée, tenant son fusil sous le bras ; à quelques pas en avant, on aperçoit une autre charrette.

Le temps est triste et sombre, le ciel est chargé de nuages noirs annonçant encore la pluie.

Tableau d'un effet dramatique, signé et daté **1851.**

Haut., 28 cent.; larg., 38 cent.

QUADRONE

147 — A la recherche d'une bonne idée !

Haut.. 21 cent.; larg.. 16 cent.

QUADRONE

148 — Géographe dans son cabinet.

Haut.. 25 cent ; larg., 19 cent.

QUADRONE

149 — Ennuyée.

Haut.. 20 cent.; larg.. 4 cent.

ROMAKO

150 — Pâtre italien jouant de la flûte.

Haut.. 90 cent.; larg.. 56 cent.

ROTTA

(SILVIO)

151 — Un Gourmet.

Une vieille servante apporte à son maître un
poulet rôti qu'il accueille avec joie.

Haut., 51 cent.; larg., 60 cent.

SCHLŒSSER

152 — L'arbre de Noël.

Scène alsacienne, composition joyeuse, animée
d'un grand nombre de figures.

Haut., 78 cent.; larg., 1 m. 27 cent.

STEVENS

(ALFRED)

153 — L'atelier de l'artiste.

Cet intérieur est des plus pittoresques ; cartons,
toiles, chevalets, costumes : tableaux et dessins
accrochés à la muraille, tout est d'un ton superbe ;
à gauche, une jeune femme apparaît curieusement
de derrière une glace qui reflète en partie son
image.

Haut., 72 cent.; larg., 58 cent.

VILLEGAS

154 — Torreros en prière dans la chapelle avant
leur départ pour le combat.

Haut., 45 cent.; larg., 37 cent.

VINEA

155 — Promenade dans la forêt.

Haut., 36 cent.; larg., 24 cent.

VINEA

156 — Page jouant avec un perroquet et un chien
lévrier.

Haut., 43 cent.; larg., 33 cent.

WILLEMS

157 — L'attente.

Une jeune femme vêtue d'une robe de satin rose
est debout accoudée sur l'appui d'une fenêtre; elle
tient une lettre à la main et semble attendre.

Haut., 55 cent.; larg., 41 cent.

TABLEAUX

PROVENANT

DE LA GALERIE DE SAN MARTINO

TABLEAUX

DE

LA GALERIE DE SAN MARTINO

CHARLET

158 — Épisode de la guerre d'Espagne.

énédiction de la guérilla.

Haut., 64 cent.; larg., 96 cent.

DEBELLE

159 — Napoléon Ier rentrant aux Tuileries dans la soirée du 20 mars 1815.

Haut., 72 cent.; larg., 96   nt.

GÉRARD
(LE BARON)

160 — Portrait du prince Louis Napoléon, roi de Hollande.

Haut., 65 cent. ; larg., 55 cent.

11

GIRARD

161 — Vue prise à l'île d'Elbe.

Aquarelle.

GORDIGIANI

162 — Bonaparte au pont d'Arcole.

Grande figure à mi-corps, d'après Gros.

Haut., 1 m. 30 cent.; larg., 96 cent.

LAMI
(EUGÈNE)

163 — Le soir de la bataille d'Austerlitz.

Haut., 90 cent.; larg., 1 m. 28 cent.

LUCAS

164 — Portrait du général Bonaparte, premier consul, d'après Gros.

Forme ovale. Haut., 85 c.; larg., 65 cent.

MORELLI

165 — Portrait de la comtesse de Survilliers, ex-reine d'Espagne, femme du roi Joseph Napoléon.

Haut., 46 cent.; larg., 57 cent.

MORGHEN

166 — Napoléon quittant l'armée après le passage de la Bérésina.

Le 5 décembre 1812, l'Empereur partit en traîneau accompagné du duc de Vicence.

Haut., 75 cent.; larg., 1 m. 05 cent.

PARANT

167 — L'Impératrice Marie-Louise et le Roi de
Rome regardant le buste de Napoléon I⁰ʳ.

Peinture sur porcelaine, imitation de camée.

Haut., 38 cent.; larg., 49 cent.

SAINSON

(DE)

168 — Vue de la villa de San-Martino, résidence
de Napoléon Iᵉʳ à l'île d'Elbe.

Aquarelle.

VERNET

(HORACE)

169 — Entrée des armées alliées à Breslau, le 7 janvier 1807.

Haut., 1 m. 95 cent.; larg., 2 m. 95 cent.

VERNET

(HORACE)

170 — Attaque du camp retranché de Glatz par l'armée des alliés, le 23 juin 1807.

Haut., 1 m. 95 cent.; larg., 2 m. 95 cent.

INCONNU

171 — Quatre Vues de Wilhelmshœhe, près Cassel.

Le palais. — Le grand jet d'eau. — La grande
ascade. — Le pont du diable.

Quatre gouaches.

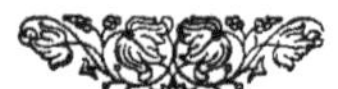

www.ingramcontent.com/pod-product-compliance
Ingram Content Group UK Ltd.
Pitfield, Milton Keynes, MK11 3LW, UK
UKHW031832170726
13836UKWH00004B/1640